27

_ en 1860.

_ en 1860.

ORAISON FUNEBRE

DU PRINCE

EUGENE DE SAVOYE.

ORAISON FUNEBRE

DU PRINCE

EUGÈNE DE SAVOYE,

PAR MONSEIGNEUR

LE CARDINAL PASSIONEI,

alors nonce à Vienne.

Traduite de l'Italien par madame
DUBOCCAGE.

M. DCC. LIX.

A SON ÉMINENCE

MONSEIGNEUR

LE CARDINAL PASSIONEI,

Secrétaire des brefs, Bibliothécaire du Vatican.

MONSEIGNEUR,

RETRACER ici les bontés dont VOTRE EMINENCE m'a comblée pendant mon séjour à Rome, seroit moins vous marquer ma reconnoissance que travailler à ma gloire ; mais qu'il me soit permis, MONSEIGNEUR, de vous remercier de la liberté que vous m'avez donnée d'imprimer une traduction si inférieure à votre ouvrage. Ce chef-d'œuvre d'éloquence prouve que l'imagination la plus brillante peut se trouver réunie au plus profond sçavoir : dans la riche bibliothéque, où vous le nourriſſez, on voit que l'amour pour les lettres (& non l'oſtentation) en a ordonné l'immmence & rare aſſemblage. L'élégante ſimplicité de votre hermitage nous montre auſſi que les retraites des philoſophes ont toujours des ornemens diſtinctifs dignes des grands hommes qui les habitent ; les agrémens qu'ils y prodiguent à ceux qu'ils honorent de leur bienveillance naiſſent du charme ſecret que la nobleſſe des ſentimens & le goût répandent ſur tout ce qu'ils dirigent. Ce ſont les réflexions que j'ai faites mille fois dans les heureux momens où votre EMINENCE a daigné m'admettre à ſa ſociété, & m'a permis de lui marquer le très-reſpectueux attachement avec lequel je ſerai toute ma vie de VOTRE EMINENCE,

MONSEIGNEUR,

La très-humble & très-obéiſſante ſervante, DUBOCCAGE.

ORAISON FUNEBRE

DE

FRANÇOIS EUGÈNE

PRINCE DE SAVOYE.

Alexander Philippi Macedo, conſtituit prælia multa, obtinuit omnium munitiones, accepit ſpolia multitudinis gentium, ſiluit terra in conſpectu ejus, obtinuit regiones gentium & tyrannos; & poſt hæc decidit in lectum, & cognovit quia moreretur.

Ce ſont les paroles du premier livre des Machabées.

T E L eſt l'extrait glorieux qui renferme toute la vie du plus célebre & du plus fortuné conquérant du monde. L'écrivain qui a fait paſſer à la poſtérité la plus reculée la mémoire de tant d'actions merveilleuſes, ayant une autorité infaillible ne peut

A iv

être ſoupçonné, comme la plupart des hiſtoriens, d'avoir flatté ſon héros, ni de vouloir ſous de fauſſes couleurs faire admirer l'objet qu'il repréſente.

Au portrait du conquérant que je voudrois renouveller dans votre imagination & faire revivre à vos yeux, il ne reſte rien à deſirer ; le nombre de ſes victoires égale celui de ſes batailles ; & la conquête des royaumes ne lui coûte pas plus d'efforts que la priſe d'une citadelle. *Conſtituit prælia multa, obtinuit omnium munitiones.* A ſon fer invincible il n'eſt plus de force qui s'oppoſe, d'armée qui réſiſte, de fort qui ſe défende ; tout tombe, tout ſe précipite & ſe confond ; ce torrent rompt ſes digues, ſurpaſſe ſes limites, inonde les provinces & les empires. *Accepit ſpolia multitudinis gentium, obtinuit regiones & tyrannos.*

A préſent je le comprends, & vous le concevrez auſſi ce raiſonnement myſtérieux de Daniel ſur le royaume de Chaldée ; le quadrupede intrépide qu'il vit par une lumiere prophétique, tourne déjà l'épaule à la Macédoine, passe l'Hellespont, hausse sa tête altiere, dresse ses cornes terribles, & dans Arbelle avec un choc impétueux ébranle, abbat, écrase tout ce qu'il voit, & tout ce qu'il rencontre : *Hircus habebat cornu insigne, efferatus est, cumque eum misisset in terram conculcavit.* Darius & son empire en un moment sont anéantis : sans la renommée du vainqueur qui les a détruits, à peine, de leurs noms, conserveroit-on la mémoire. Le conquérant monte sur le trône, les fleuves, les montagnes ne peuvent l'arrêter ; il vole d'une victoire à l'autre, jusqu'aux lieux où naît l'aurore, *usque ad fines terræ :* sa course triomphante est si rapide, qu'elle ne laisse aucuns vestiges ; *& non tangebat terram.* Alexandre, las de lui-même, orgueilleux de la fortune qui favorise tous ses desseins, dédaigne l'égalité que la nature met entre les hommes & se fait nommer fils de Jupiter : les adulateurs, qui, dans les cours, sont toujours prêts à transformer les hommes en divinités, lui élevent des autels ; l'encens fume de

toutes parts ; chaque ennemi difpa-
roit, tout tremble quand il menace ;
il femble que l'univers étonné va
rentrer dans fes premiers abymes,
filuit terra in confpectu ejus. Le filence
de la terre intimidée augmente la
vanité de cette idole. O folle déité !
tu fentiras bientôt le coup prêt à te
réduire en poudre : déjà je te vois le
vifage pâle, les yeux éteins languir
dans Babylone fur ton lit de pourpre,
& poft hæc decidit in lectum. C'eft donc
là le fruit de tant de conquêtes ? où
font ces lauriers acquis au prix de
tant de fang ? *decidit in lectum.* Où eft
ce dieu devant qui la terre fléchif-
foit le genou ? qu'eft devenu le culte qu'il exigeoit ? *cognovit quia moreretur :* il tombe, tout va changer
de face, *verumtamen in imagine per-
tranfit homo.* Vous, grands du monde ; vous, peuples, qui reffentez
mon affliction ; vous, qu'une pitié
chrétienne conduit à cette pompe
funebre, voyez un autre mortel qui
fans le fol efpoir de fe faire paffer
pour un dieu comme Alexandre le fuit
d'un pas égal, furpaffe les plus grands
capitaines de l'antiquité, & ôte à

ceux qui viendront après lui, l'espoir de l'imiter. Voyez ce même mortel non seulement marcher à pas de géant dans la carriere de la gloire terreſtre, mais en franchir les limites, *ſiluit terra in conſpectu ejus.* Voyez, & ſoyez convaincus que la gloire terreſtre eſt le comble de la vanité humaine, *& cognovit quia moreretur.*

Ce terrible exemple, peut-être peu compris encore moins redouté, fixe ici vos regards. Ces murs tapiſſés de deuil, ces triſtes emblêmes, qui de toutes parts annoncent la mort, la montrent ſous ſon aſpect le plus effrayant; cette repréſentation funebre remplit d'une ſainte horreur lē temple, le peuple & le ſanctuaire. C'eſt au milieu de ce lugubre appareil que vous allez entendre l'éloge vrai & non flatteur que m'inſpirent l'amitié, le reſpect, la vénération & la douleur; ſentimens que je dois à la mémoire illuſtre D'EUGENE FRANÇOIS, PRINCE DE SAVOYE. Si mon imagination & mon éloquence égaloient l'admiration & l'étonnement que me caufent les actions d'un fi vaillant guerrier, mon difcours répondroit à votre attente, à mes defirs ; & à fa gloire. Quelque grand qu'il fût dans l'opinion des hommes tandis qu'il a vécu, jamais il n'a reçu de moi le fervile hommage d'une adulation trompeufe ; comment le lui rendrois-je après fa mort ? Je vous paroitrois coupable fi je ne profitois de l'occafion de vous faire fentir le néant des grandeurs humaines à l'afpect d'un fi trifte fpectacle, & fi j'affoibliffois l'horreur qu'il infpire par de fauffes louanges indignes de la grandeur du fujet ; après avoir renouvellé votre furprife par ces trophées qui repréfentent tant de provinces conquifes, tant de forts abbatus, tant d'ennemis domptés par la force ou par l'art, vous penferez que ces images ne retracent qu'une partie des entreprifes qu'EUGENE a exécutées aux yeux de la terre étonnée, *filuit terra.* Votre compaffion & votre furprife, au fouvenir de tant de merveilles, vous rappelleront la peine commune à laquelle Dieu condamne tous les mortels,

tous fils de sa colere, & dignes d'un
châtiment éternel. Quoi ! direz-vous,
ce peu d'efpace de terre, après tant
de conquêtes refte à notre héros ?
Ses cendres froides, inutilement
baignées de nos larmes, repofent
dans les ténébres obfcures du tombeau ? C'eft là qu'avec lui tous les
grands de la terre retourneront en
poufliere ? dans cette réflexion terrible, que dire à fa louange & à
celle des vainqueurs qui à peine éga-
leront fon mérite, finon ce qu'en-
feigne David : *non defcendet cum eo glo-
ria ejus.*

Avant de confidérer une vérité fi
importante, & qui nait de la nature
du fujet, parlons des mémorables
actions que j'ai à vous décrire : quelque énumération que j'en faffe, elle
paroîtra abrégée. Pour peu que je
raconte les victoires d'un prince qui
s'eft acquis une renommée immortelle, j'étonnerai mes auditeurs.

PREMIER POINT.

NE croyez pas, Meffieurs, que,
pour célébrer notre héros, je tourne

vos regards ſur l'antiquité la plus reculée & la plus obſcure, ni que je
vous faſſe admirer la nobleſſe de ſa
race, qui, depuis huit ſiecles illuſtre l'Italie par des hommes fameux
dans la paix & dans la guerre. Je ſçai
que tant de ſplendeur fixeroit votre
attention, & que ce moyen de l'at-
tirer ne m'éloigneroit pas des pré-
ceptes de l'art qui enſeigne à embel-
lir le mérite de ceux qu'on loue par
l'éclat & la longue ſuite de leurs ancêtres. *Rhetorum diſciplina eſt* (obſer-
ve S. Jérôme) *ab avis atavis, & omni
retro ſæculo laudare quem ornes* : mais
je ſçais auſſi que la raiſon de ce pré-
cepte eſt que la ſtérilité des rameaux
cherche ſouvent une nourriture dans
leurs racines, & que ce qui manque
au fruit ſe trouve dans la tige, *ut
ramorum ſterilitatem radix fœcunda
compenſet, & quod non teneas in fructu
mireris in trunco.* J'abandonne l'uſage
d'un ſi vain ornement aux orateurs
dont le ſujet eſt ſtérile ; & dans le
champ immenſe que j'ai à parcourir,
je choiſis les routes où brillent les
trophées de mon prince. Là ſes
propres actions me fourniront un

sujet assez vaste pour qu'il me soit permis de négliger les regles de la vulgaire éloquence. La condition de ceux qui battent les durs sentiers qui menent à la gloire, seroit trop malheureuse si leur postérité oisive jouissoit sans peine du prix de leurs travaux. Le grand génie de Claude qui, dans les temps périlleux de la république, brilla au barreau & dans les armées eût donc passé en héritage au cruel Caligula ? Songez que sous les ruines de ce même capitole où triompherent jadis *Fabius & Cornelius*, leurs noms seroient aujourd'hui dans l'oubli, si la prudence de l'un n'eût rompu les desseins dangereux de l'ennemi, par où il s'acquit le titre de grand ; si l'autre en triomphant de Carthage n'eût mérité le nom d'Africain, d'où naquit cette belle sentence du sévere censeur des souverains de Rome : *generari & nasci à principibus fortuitum est.* Que de titres mériteroit notre héros si plusieurs âges pouvoient le voir renaître ! une seule de ses victoires donneroit le nom à un siécle, & mille ans suffiroient à peine pour former un tel vainqueur. La seule guerre des Marcomans & des Daces fit ériger des colonnes en l'honneur de Trajan & de Marc-Aurele ; combien l'antique Rome eût-elle élevé à Eugene d'arcs de triomphes & de trophées ? Il est à croire que l'admiration des peuples dégénérée en idolatrie en eût fait un dieu, lui eût destiné des sacrifices, & consacré des temples comme à un autre Mars descendu du ciel pour commander aux hommes; l'étonnement de ses actions, chez ces peuples aveugles, eût augmenté le culte qu'ils rendoient à la fortune comme à la seule divinité qui pût produire tant de merveilles. Voyons-le sortir des toits paternels, les biens qu'il emporte ne sont point sujets aux vicissitudes du sort : son bras & son épée, son unique patrimoine, n'en craignent point les coups : quelle noble ardeur l'anime ! tout annonce sa valeur : si on considere attentivement ses projets, & qu'on cherche à les pénétrer, ceux d'Achille sortant de l'oisiveté de Sciros paroîtront moins fabuleux. Eugene, plein d'un desir belliqueux, passe le Rhin comme

César le rubicon ; mais supérieur à
lui par la justice de la cause qu'il va
défendre, il marche avec plus d'af-
surance ; une fin plus noble l'excite
à éterniser sa mémoire : telle que le
feu renfermé dans les rochers, for-
tant avec effort forme le tonnerre
& les tempêtes, la valeur d'Eugene concentrée dans sa grande ame,
n'en est que plus bouillante ; elle
cherche à s'exhaler, & se répand
comme un incendie sur les provinces usurpées par les Thraces. Inter-
rogez Bizance, elle vous répondra
en soupirant qu'à l'approche de notre
vainqueur son port trembla, ses tours
s'ébranlerent, & qu'elle se ressent
encore des blessures profondes qu'elle en reçut.

Voyez les murs invincibles de
Vienne assiégée ; toutes les forces
de l'Asie rassemblées pour les abbatre n'ont pu éteindre, dans l'ame
des barbares assiégeans, la mémoire
de la fuite honteuse de Soliman ; il
semble que chacun d'eux court en-
vfenger l'ignominie d'un an-
cien outrage : pour cette téméraire
entreprise le tyran de l'orient arme

tout son empire ; envain le fer déjà
levé est prêt à frapper, les conseils
prévoyans de Léopold joints à ses
fidelles alliés, les secours du sacré
pontife détournent le coup qui s'ap-
prête ; le bras auquel Dieu avoit remis sa puissance, montre la même
constance qui jadis rompit les desseins cruels d'Attila, & de tant d'autres tyrans : C'est alors qu'on vit
des peuples & des nations divisés
par des monts & des mers, comme
de nouveaux Philistins, s'assembler
en tumulte, frémir & former de
vains projets *adversus Dominum, &
adversus Christum ejus.* Mais celui qui
habite au haut des cieux méprise
l'ambition de ces insensés, & les dis-
perse comme le sable que le vent dis-
sipe. Ce fut dans ce temps que notre héros, à la fleur de son âge, apprit cet art terrible, qui, depuis, lui
fit mériter de la renommée le titre
de conducteur du peuple de Dieu. Il
fit, dans la Pannonie, ce qu'au-delà du
Jourdain fit Josué des superbes Ama-
lécites. Dans les essais de sa valeur,
loin de craindre la mort, il couroit
où le feu étoit le plus ardent, & où

l'ennemi étoit le plus impénétrable. Je crois voir David, qui, pour s'accoutumer aux périls de la guerre, court dans les bois de la Judée étrangler les lions. Quand j'envisage les blessures qu'EUGENE reçut à Belgrade & dans cent autres entreprises, son audace m'épouvante : deux fois il força les redoutes de Bude, deux fois il y fut frappé ; son bras ne s'arme plus pour sa défense, il combat pour son Dieu, pour son souverain ; pour l'une & l'autre cause, il extermine les infideles. Tels furent ses premiers exploits. Des progrès aussi rapides le menerent à grands pas au comble de la gloire. La culture de l'esprit jointe à l'exercice militaire lui fit connoître la source des erreurs & des succès des héros ses prédécesseurs ; il examina les moyens dont ils s'étoient servis, les conseils qu'ils avoient pris, & sonda les desseins les plus cachés de l'ennemi. Ces profondes méditations le rendirent avare de discours inutiles.

Charles de Lorraine, un des plus fameux capitaines de son temps, lui fut un excellent exemple dans l'art

de la guerre ; ce prince apperçut
une ame belliqueuse dans notre jeune guerrier, habile à connoître celui qui vouloit l'imiter, il en fit à
Léopold le portrait le plus flatteur ;
on voit dans les lettres où il lui parle
de fon difciple, qu'il préfageoit les
exploits qui devoient le conduire à
l'immortalité. Il fut choifi pour annoncer à la cour le fuccès de la bataille de Siclos. Qui pouvoit mieux
qu'Eugene s'acquitter de cet em-
ploi, lui qui le premier porta l'aigle triomphant au milieu du camp
ennemi ? Je vous rappellerois en
vain les circonftance de ce terrible
combat, la voix publique fut ar-
dente à vanter fa valeur. Au bruit
de fa renommée Leopold conçut le
deffein de le faire un jour général de
fes armées & de le laiffer à fes fuc-
ceffeurs comme le plus utile héritage ; mais de peur qu'on n'attribuât
fa fortune à la faveur de la cour, on
le fit arriver par degrés à tous les
honneurs militaires. Il ne monta
jamais de l'un à l'autre fans le mériter par quelque action qui annonçoit que la juftice & non la pré-

dilection l'y avoit élevé. Je pour-
rois vous raconter les faits d'armes
mémorables qu'il dût à sa science &
à son courage avant son troisiéme
lustre ; mais le portrait de ce nou-
vel Alexandre me rappelle aux paroles de mon texte, *constituit prælia
multa*. Qui fit plus que lui d'entreprises , & qui plus que lui en demeu-
ra vainqueur ? Vous détailler à son
avantage la comparaison que j'en fais
avec les héros anciens seroit perdre
un temps que j'emploierai mieux en
vous parlant des prodiges de valeur
& d'art militaire qui le rendent l'admiration de son siécle. Le Macédo-
nien à la bataille du Granique, César sur le Rhin, Caton dans la guerre d'Afrique n'égalerent point Eu-
GENE. O Zente, ô Zente, jadis
sans nom, aujourd'hui au nombre
des villes fameuses ! tu seras toujours dans le souvenir des peuples
chrétiens ; quand l'envie basse &
maligne chercheroit à te mettre en
oubli, le ciel & la terre t'exalte-
roient. Que vois-je dans tes champs !
sous tes murailles, notre vainqueur
est au milieu des rebelles & des

infidelles ; deux monstres prêts à le dévorer. Dieu des armées, sauve ce jeune héros ! ô mon prince, prends ton fer vengeur, combats ardemment pour la foi, *accingere gladio tuo potentissime* : avance ; que l'espérance d'un heureux succès t'anime, *prospere procede*. Ton bras intrépide n'a besoin que de lui-même pour se faire jour au travers des ennemis, *deducat te mirabiliter dextera tua*. Frappe, l'heure est venue ; ces barbares vont tomber comme des victimes de la fureur de Dieu, *populi sub te cadent*. Frappe, leur chef est l'usurpateur du patrimoine de Léopold, *sagittæ tuæ acutæ in corda inimicorum regis*. Immortelle renommée, ô toi qui, croissant de lustre en lustre, parcours, sans te lasser les révolutions du soleil, tu porteras d'âge en âge le récit des faits que je célébre, *sume tibi*, tel est l'ordre que Dieu donne à Isaïe : *librum grandem, & scribe in eo stilo hominis*, prends un spacieux volume, enregistre les exploits de notre vainqueur, écrits-les en caractères ineffaçables, qu'ils soient lus de tout l'univers dans la postérité la plus reculée ; joins-y ce titre glorieux qui, par l'ordre célefte, fut donné par Ifaïe à fon fils : *voca nomen ejus feftina prædari* : nomme EUGENE le plus rapide des conquérans : fon bras fur le Tibifque détruit en un inftant la puiffance Ottomane, comme fous le roi d'Affyrie s'évanouit en un jour la fuperbe Damas & la rebelle Samarie, dépouillées de leurs richeffes.

Suivons la gauche des rebelles, vous les verrez trois fois attaqués, trois fois chaffés de leurs poftes; dans leur effroi, ils fe cherchent un azyle au milieu des bois épais & fur les monts les plus efcarpés. Les Ottomans, dans l'impoffibilité d'affiéger Varadin, forment le projet de pénétrer dans la Tranfilvanie. Ils jettent un pont fur le Tibifque, & leur cavalerie paffe ce fleuve. Eugene en eft informé ; fon activité redouble, & auffi prompte que la penfée, le porte à Zente, *non tangebat terram.* Tel qu'un aigle qui découvre de loin fa proye, cherche un lieu propre à lui porter des coups certains, notre héros choifit un temps où les forces de l'ennemi font divifées ; fon au-

dace attaque impétueusement le camp
des infidelles, sa valeur infatigable
renverse les barrieres qui s'opposent
à ses projets, l'effroi qu'elle inspire
lui donne la victoire ; le jour qui suit
ne voit que sang & que terreur : au
lever de l'aurore, il semble que l'ange exterminateur ait combattu contre un autre Sennacherib, vingt mille
morts entassés l'un sur l'autre ensan-
glantent la scene ; sur ces affreuses
ruines, comme sur un mole immense
qui retenoit les eaux du Tibisque,
le vainqueur repasse en sureté. Ne
croyez pas cette description un artifice de l'art pour donner plus de force
à mes discours. La vérité les inspire,
elle seule peut peindre à Léopold un
grand homme, qui ne parla de ses
batailles que pour en instruire son
souverain. J'avoue qu'il faut une autorité telle que la sienne, pour rendre croyable un aussi prodigieux carnage exécuté avec tant de promptitude, & dans l'istant où le jour tom-
bant laissoit peu d'espoir au vainqueur de terminer son entreprise.
Après avoir poursuivi la cavalerie
ennemie qui se précipitoit l'une sur
l'autre,

l'autre, arrivé aux derniers retranchemens au moment où la nuit appro-
choit, il dit ces mots, que beaucoup
de vous ont entendus, & qui fouvent m'ont été répétés : *Béni foit cet
heureux jour.* A ces premiers mots de
fon hymne triomphale, uniffons nos
accens ; remplis des fentimens de
Débora & de Judith, chantons la
juftice de Dieu non moins puiffante
dans la Pannonie qu'en Paleftine ;
célébrons fa vengeance égale fur le
Tibifque & fur l'Heritrée. O vous,
peuples chrétiens, qui dans mille ans
parlerez encore de ce triomphe, con-
fervez dans votre race la mémoire
des paroles d'EUGENE ; qu'on fe fou-
vienne que fi Dieu arrêta le foleil
pour accomplir la défaite des Gabao-
nites par Jofué, un autre miracle de
fa main invifible redoubla contre les
Ottomans la force des foldats d'EU-
GENE. Je ne vous détaillerai point
les riches dépouilles de l'ennemi, il
fuffit que je vous ramene aux paroles
du texte, *accepit fpolia multitudinis
Gentium, obtinuit Regiones & Tyrannos.* Vingt-fept Bachas vaincus ne
purent racheter au poids de l'or leur

liberté & leur vie ; aucun soldat sous
un si vaillant capitaine, n'eut l'ame
assez vile pour préférer les richesses
à l'honneur d'une si grande victoire.
Vous ignorez peut-être un trait qui
en la rendant plus brillante, fera l'admiration de la postérité. Un des Guerriers chéris du Prince, dans le cri
d'applaudissement de son armée, ne
put s'empêcher de le nommer l'invincible ; titre qu'un autre que lui
n'eut point pris pour le langage de
l'adulation, mais qui blessa sa rare
modestie ; il interrompit l'acclama-
tion & répondit avec un regard froid
que lui donnoit l'uniforme tranquillité de son ame. Eh pourquoi ! singuliere modération au milieu de tant de
gloire. Eh pourquoi ! ame incomparable, je vous le dirai, si vous l'ignorez, parce que dans les siecles pas-
sés ni dans le nôtre, il ne se vit jamais un si petit nombre d'hommes,
hausser courageusement le front contre une si grande multitude, l'attaquer & la détruire. Eh pourquoi ?
parce qu'on trouve difficilement un
Général chargé de combattre non
seulement pour son maître, mais pour

toute la chrétienté, qui avec des armes inégales, entreprenne de subjuguer tant de nations.

Le prince après avoir examiné les postes des ennemis & leur désordre au passage du pont, tente avec une valeur intrépide, le combat à l'heure où on auroit cru plus prudent d'attendre que le jour éclairât ses projets : disons plutôt qu'on ne peut attribuer à la fortune l'art de discerner entre l'honneur de vaincre & la honte d'être vaincu, le court espace qui lui fit diviser les forces Ottomanes, sa promptitude les empêcha de se rejoindre, un de leurs flancs resta sans bouclier, & leur cavalerie fut exterminée. Dût-il différer ce coup heureux ! coup qui força l'ennemi à recevoir la paix de Léopold après tant d'années de guerre, coup qui ébranla les fondemens de l'empire Musulman appuyés sur la force des fiers Janissaires.

Cette singuliere bataille fut le pronostic de ce qui arriva de glorieux à Varadin & à Belgrade. En prononçant ces mots, je lis dans vos regards votre étonnement au souvenir de tant

de merveilles. Vous dire qu'Eugene
foumit ces villes fameufes n'accroî-
troit pas votre furprife ; mais admirez le fublime talent qu'il eut de vaincre dans les plus grands périls en les
faifant fervir de route à la victoire.
Les Barbares furpris dans Zente vont
porter fes chaines. Qui peut redire
les projets de vengeance qui jour &
nuit occupent leur efpoir déconcer-
té ? Leurs voix menaçantes reten-
tiffent jufqu'à Bizance , les féditieux
interprêtes de leur loi trompeufe les
raniment au combat , mille orgueil-
leufes promeffes y excitent leurs Rois
tributaires & leurs provinces les plus
reculées ; leurs foldats furieux con-
templent d'un œil d'envie fur les rives du Tibifque les trophées de notre
héros. Ni fon bras , auteur de tant de
prodiges , ni le cours des ans ne pourra amortir la haine que nourrit leur
orgueil , le fang peut feul effacer de
leur mémoire leur déroute fatale : les
vaincus , pour fe venger , veulent
imiter l'art du vainqueur ; ils renou-
vellent la guerre , craignant de ne
pouvoir exécuter leurs projets s'ils
donnent le temps à leur adverfaire de

mettre en valeur ſes forces & ſon expérience, ils tentent de confondre ſa
prudence par la rapide marche de
l'armée innombrable qu'ils conduiſent
à Varadin. L'artifice ne leur fut pas
inutile dans l'attaque, la réuſſite en
fut douteuſe ; mais notre prince fit
bientôt pencher le péril du côté des
Barbares. Encouragés par leurs premiers ſuccès, ils crurent marcher à
la victoire, alors EUGENE, ſoldat &
général en même temps, ranimant
par ſa préſence, par ſon nom, par
ſa bravoure ſa troupe ébranlée, donne avec ſa cavalerie un choc terrible
aux furieux qui s'étoient trop avan-
cés ; ils ne peuvent ſoutenir l'aſſaut,
ni le prévenir, & ſe retirent en dé-
ſordre comme des troupeaux épou-
vantés ; les conducteurs mêmes pren-
nent la fuite, la crainte de la mort
les ſuit, ils ſemblent déja frappés du
fer ennemi : effrayez à la vue d'Eu-
GENE, je crois les voir ſous une autre image dans Jérémie, *abierunt prin-*
cipes ejus abſque fortitudine ante faciem
ſubſequentis. A la fuite ſuccéde le pil-
lage, & la victoire devient plus célébre par l'acquiſition de Temeſvar.

Je ne m'arrêterai point à la décrire,
ce spectacle va reparoître à Belgrade
où une nouvelle sorte de triomphe
étonnera si fort la postérité, qu'elle
doutera de la fidélité de l'histoire ;
mais j'oublie Corfou délivrée. Viens,
EUGENE ! cette isle qui par son der-
nier siége, devient plus mémorable
qu'elle ne le fut jadis par le naufrage
d'Ulisse, attend ton secours ; viens !
la ville attaquée, inondée du sang
de ses défenseurs, couverte des cendres de ses rochers, te demande vengeance ; dèja le terme de sa liberté
approche, déja l'ennemi courant à
la brêche est prêt d'entrer dans ses
murs. Murs illustres & fortunés, vous
ferez comparés aux autels d'Alexandre, & aux colonnes d'Alcide ; vous
ferez le brillant trophée de mon héros ; les nochers fatigués de traverfer l'adriatique agitée, en admirant
ce triomphe, oublieront de chercher
le port. Abandonnez l'entreprise, barbares affiégeans : Corfou ne tombera
point, EUGENE vole à sa défense,
écoutez les chants de sa victoire,
bientôt sur les rivages de Bizance,
vous rencontrerez le reste de vos

troupes défarmées ; vous les recon-
noîtrez à la terreur imprimée fur leur
front, vous apprendrez par leurs gé-
miffemens, la caufe de leur ruine :
les remparts de l'Italie font délivrés
d'un joug impie. Souvenez - vous
qu'en arrivant aux confins du Po , le
dictateur de Rome écrivit fur fes
vaiffeaux ce titre orgueilleux , *j'ai
vu & j'ai vaincu le fils de Mitridate.*
EUGENE ne fe met point en marche ,
il ne voit point l'ennemi , cependant
il triomphe. Que faut-il de plus pour
l'annoncer comme un prodige choifi
de Dieu pour faire connoître fa puiffance. Le foufle divin qui donna la
force aux trompettes lévitiques , de
renverfer les murs de Jérico , fut le
même qui fit que la renommée
d'EUGENE difperfa devant Corfou les
fuperbes ennemis de la foi. Ce n'eft
pourtant point ici le terme de la gloire de notre Prince , & l'Afie ne s'eft
point encore affez repentie d'avoir
attaqué la majefté de Léopold : fon
fameux Général , à la vûe des fortifi-
cations de Belgrade , paroît fur le
Danube comme fur le vafte Océan ,
fes vaiffeaux d'une forme inufitée ,

B iv

veillent du côté où il médite une attaque, il l'exécute fous les yeux mêmes des ennemis qui l'attendoient
fur l'autre rive : ces Barbares éton-
nés de l'audace de fes projets perdent
la hardieffe de s'y oppofer, ils pen-
fent à s'affurer du pont & à fauver
leurs magafins. L'immenfe circomval-
lation de la place montre encore par
fa ftructure ce que peut un génie
guerrier pour rompre un torrent prêt
à renverfer l'armée chrétienne : l'audace de cette vafte entreprife, la
crainte que le nom d'EUGENE infpire ébranlent déja les murs de Belgrade ; les affiégés, pour empêcher leur
ruine, paroiffent fur une colline, &
dans leur fureur femblent des nuages
agités par les vents prêts à enfanter
la tempête. 150000 foldats enfer-
ment entr'eux & la place l'armée
Impériale, deux fois moins forte, &
réduifent les affiégeans à la dure condition des affiégés. O fortune incer-
taine, à quoi expofes-tu nos troupes !
ô fort terrible qui menace d'arrêter
le cours des victoires de leur Général, de faire triompher les Barbares,
de perdre les Daces, les Pannoniens

& leur capitale. Jadis un petit nombre de Spartiates arrêta toutes les forces de la Perse au passage des Ter-
mopiles ; les consuls Romains se
couvrirent de honte dans les gorges
Caudines : après de tels exemples
se peut-il qu'Eugene se laisse en-
tourer ? Doit-il risquer la liberté de
la patrie, l'honneur de son Souverain, & de la chrétienté ? Ne suffit-
il pas à ce Général d'avoir exposé son
armée aux revers de la fortune à
Zente & à Varadin ? Si l'ennemi con-
tinue de lancer la foudre, notre perte est certaine, les maladies & la
mort nous menacent, un abîme s'ou-
vre sous nos pas. Tels sont les discours du vulgaire , *vulgus promis-
cuum.* Le peuple dans la guerre des
Cananéens se plaignoit ainsi amére-
ment de Dieu & de leur conducteur :
constituamus nobis ducem & revertamur.
Arrêtons-nous , Messieurs, il n'est
pas ici question de retourner en ar-
riere , ni de changer de capitaine,
l'heure où le nôtre doit se mettre en
action n'est point venue , laissons
l'ennemi exhaler sa furie, qu'il se
confie en sa force, qu'il s'embarrasse

B v

dans l'attaque des lignes, bientôt le
ciel nous promet la victoire; les plus
grands projets occupent notre héros :
ce restaurateur de la discipline militaire est tel que Marius, qui, par
sa patience inflexible donnant un frein
à l'ardeur de ses légions, les expo-
sa près du rhône aux insultes des
Barbares, jusqu'au moment qu'il
crut propre à venger la liberté du
Sénat. Son triomphe sur tant d'ennemis rendit longtemps la renommée
de Rome un plus sûr rempart à l'I-
talie, que les alpes qui l'environ-
nent.

Enfin les Ottomans soutenus par
l'espoir, animés à la vengeance, ré-
solus de sauver Belgrade au prix de
tout leur sang, descendent des montagnes ; mais contraints par la situa-
tion du lieu à ne présenter qu'un front
étroit vers nos retranchemens, ils ne
peuvent profiter de la supériorité de
leur nombre. Ainsi l'avoit prévu notre grand Général ; l'instant propre
à la réussite de ses desseins est arrivé,
un essain d'ennemis tombe sur notre
camp comme jadis sur Israël, il met
son infanterie dans le centre, place

à la droite & à la gauche sa cavalerie, & la trompette les appelle aux
combats. Nos guerriers depuis plufieurs jours en proie à la fureur des
Barbares font des lions enfanglantés
qui rugiffent & raffemblent toute leur
rage pour vaincre ou mourir; ils fe
jettent fur l'ennemi, l'efpace qui les
en féparoit, a déja difparu, mais
bientôt EUGENE les renverfe, les
met en fuite, & le jour fuivant Belgrade rompit la chaîne, qui depuis
longtemps l'afferviffoit aux infidéles.
Sans doute, à ce récit, le monde
chrétien s'écrie avec Moïfe, léve-
toi, léve-toi, ô mon Dieu, difperfe
tes ennemis, achève de les terraffer,
le premier de tes miniftres a remis
le fer facré dans les mains d'EUGE-
NE, comme autrefois Jérémie le donna au Machabée pour punir le fuperbe Nicanor prêt à ruiner le temple &
l'autel. Si notre héros à peine à fon
fixieme luftre court d'un vol fi rapide aux champs d'honneur, quels furent après, les travaux immenfes qui
le menerent à la gloire ? J'ai tâché
de retracer d'une maniere fublime fes
plus mémorables entreprifes, mais

B vj

comme un voyageur fatigué qui ap-
perçoit de loin des murs & de fuperbes tours dont il craint de ne pouvoir
approcher, dans les exploits que je
raconte, je vois des faits fi brillans,
que plus je les examine, plus j'en
fuis ébloui. Dans mon étonnement,
j'arrête mes idées, je les raffemble
& cherche des couleurs propres à
rendre les prodiges qui me reftent à
décrire.

L'expérience, Meffieurs, jointe à
la valeur de mon prince, faifant perdre à fes rivaux l'efpoir de l'imiter,
le mit au-deffus de l'envie, non feu-
lement il foutint la guerre contre des
armées formidables, mais contre la
faim, les frimats, les torrens & les
rochers. Chacun de fes exploits le
rend comparable aux plus grands capitaines, il eut l'audace d'Annibal
au paffage des Alpes, à Belgrade la
conftance de Fabius, le fçavoir de
Scipion fur la Schelda, l'ardeur de
Céfar fur l'Eridan, aux rives du Tibifque les vertus de Trajan. Tous les
lieux où fes armes triompherent, en
font témoins, les fleuves gonflés du
fang qu'il fit répandre, portent à la

mer ce tribut de ſes victoires, la terreur & la mort ſuivent partout ſes
pas. Quand je contemple ſes talens
guerriers, mes penſées ſe confon-
dent, j'ai peine à comprendre qu'un
ſeul homme eut le génie propre à con-
cevoir de ſi vaſtes projets, & la force néceſſaire pour les exécuter ; mais
quelle horrible image fixe ici mes regards, glace mes ſens & retient ma
voix ? Dois-je, avec l'habit ſacré
que je porte, réveiller des idées de
haine & de carnage ? Au moment terrible où le ſang de Jeſus-Chriſt ar-
roſe ces autels, comment rappelle-
rois-je à votre ſouvenir un déluge
de ſang verſé par les chrétiens dans
ce ſiecle de diſcorde. Eſprits céleſtes,
deſtinés à la garde des empires & des
Rois, couvrez d'une éternelle nuit
ces champs de carnage & d'horreur,
qu'on ne voie plus les fils de la même Egliſe tourner le fer mortel l'un
contre l'autre ; ôtez de mes yeux ces
victoires & ces triomphes; faites nous
déteſter ces lauriers qui déja coûtent
aſſez de ſang pour gagner à la foi tout
l'orient infidéle ; & vous, miniſtres
du Très-Haut, dans ce ſanctuaire ar-

rofé de vos larmes, redites les lamentations de Jérémie, *ô mucro Domini*, ô fer vengeur du Seigneur, *ufquequo non quiefces*, quand feras tu raffafié? Ce fang qui inonde les campagnes eft le fang de ton peuple fidéle; *ingredere in vaginam tuam refrigeram & file*, remets l'épée dans le fourreau, appaife-toi, & refte en filence; fi la terre mérite encore d'éprouver ton courroux, *effunde iram tuam in gentefque non te noverunt*, répand ta colere, ô mon Dieu, fur les ennemis de ton faint nom, tourne fur eux la foudre de tes regards. *Ecce alienigenæ, & tyrus, & populus Æthiopum.* Voici les nations que tu dois punir, vois les efpaces immenfes de l'Afie & de l'Afrique, où ton nom autrefois connu devroit reprendre fon antique fplendeur; ce font là les conquêtes dignes des guerriers chrétiens, Dieu n'a dépofé fa force en leurs mains, que pour étendre fon culte & fes domaines. *Rogate quæ ad pacem funt*, prions & demandons que Dieu nous montre l'aurore de ce jour defiré, de ce jour où doivent s'unir pour toujours le cœur & les forces des François & des Germains ; que Charles monte sur le trône de Bizance dont Eugene a ébranlé les fondemens ; qu'aux confins de l'orient Louis s'empare des lieux saints qui ont coûté tant de sang à la chrétienté, qu'enfin on puisse dire à plus juste titre que devant Alexandre , à la présence de Charles & de Louis la terre demeure en silence.

SECOND POINT.

EUGENE est retranché du nombre des vivans, l'œil humain ne le reverra plus ; quelle triste nouvelle ! La Germanie en pleurs les mains tournées vers le ciel le redemande à la terre. J'entends la voix gémissante de l'Autriche ; mille échos plaintifs lui répondent, EUGENE n'est plus, *decidit in lectum*, la mort l'a plongé dans le sommeil éternel ; ô douleur sans consolation, mal inévitable, coup cruel. Grands du monde, votre appui est tombé, le foudre de la guerre, la terreur de Bizance, la merveille de nos jours n'est plus ! Qui défendra nos provinces ? qui en étendra

les limites ? qui y fera naître l'abon-
dance ? qui dirigera l'aigle impérial
vers l'Empire de Constantin ? qui ac-
croîtra les lauriers du front de vos Cé-
sars ? qui ornera vos temples des dépouilles des Barbares? J'ose ainsi m'ex-
primer, grand prince, quand tu ne
m'entends plus, quand tu ne peux plus
m'opposer cette austere modestie qui
te mit sans cesse en garde contre les
charmes de la flatterie, le seul ennemi qu'on t'ait vu redouter ; mais
l'avenir célébrera tes vertus que le
présent ne met jamais à leur juste valeur : alors en vain tu voudrois im-
poser silence à la renommée ; triomphante de l'envie, elle élévera ton
nom aux régions où ma voix ne peut
atteindre ; alors en comparant tes exploits aux faits des Grecs & des Romains, la postérité dira, EUGENE
surpassa les vainqueurs & de l'Inde
& du Gange ; on ne sera plus surpris
qu'Alexandre ait mis la voluptueuse
Asie sous le joug de la Grece : de
cette Grece où la vertu de Thémis-
tocle triompha à Salamine & la valeur de Miltiade à Marathon ; on dira
que la force des ennemis accroit en

core la gloire du conquérant, & que les vertus les plus difficiles à acqué-rir sont les plus sublimes. Quel mé-rite eurent les Romains à franchir les sables de la Lybie, à passer les Al-pes & le Caucase, à enchaîner à leur char Persée & Jugurtha ? Com-parés ces triomphes avec ceux de no-tre héros, vous verrez que ses ex-ploits furent d'autant plus merveil-leux, que ses adversaires étoient su-périeurs à ceux des Romains par la discipline militaire & par l'expérien-ce ; mais quel est mon projet ? d'ap-profondir votre douleur & d'exciter vos larmes ; non, réservez ces ten-dres expressions du cœur pour un moment moins terrible ; quelque grande que soit la perte qui nous af-flige, je ne souffrirai point que vous vous assujettissiez à l'usage vulgaire de gémir sur les miseres de l'humani-té. Ces marques de foiblesse sont in-dignes du héros que nous regrettons. Que nos expressions de douleur pren-nent le caractere de grandeur con-venable à l'importance du sujet. Con-templez sur ces murs des trophées peints par les maîtres de l'art, ils nous rappellent les vertus, & la gloire de celui qui les mérita.

A la pâle lumiere de ces flambeaux de deuil qui nous montre un squelette desseché par la maladie, j'ai peine à reconnoître EUGENE, son épée qui fit trembler l'Europe, demeure sans soutien, déja la pompe funebre s'achemine vers le temple; parmi les dépouilles des vaincus, vous voyez celles du vainqueur, ses compagnons d'armes les regardent d'un air consterné, ils soutiennent d'une main tremblante les tristes voiles qui couvrent le cercueil où leur conducteur repose, voici son casque & son bouclier qui n'ont pu le garantir des traits de la mort : au son douloureux des trompettes funebres accourt la ville désolée. Le peuple & les grands, l'œil panché vers la terre, suivent en silence cette funeste cérémonie, parmi les sanglots & les tristes cantiques, en attendant la résurrection, les cendres de ce grand homme, dans un petit espace de terre, vont être ensevelies. Détournons nos yeux de ce lugubre spectacle ; il est temps que je m'éléve

avec l'ange de l'apocalypse sur le ro-
cher de Patmos , d'où il sortit une
voix semblable aux mugissemens de
l'océan ; il est temps que je pénétre
jusqu'à la division de l'ame & du
corps , & que je dise , *ascende huc ,*
& ostendam tibi quæ oportet fieri post
hæc : suis-moi , que je te fasse lire
dans l'avenir *post hæc.* Après les applaudissemens , les batailles , les conquêtes , *ostendam tibi.* Je te montrerai
que la gloire terrestre est le néant
de la vanité humaine , tourne tes regards sur le passé , considére Nabu-
chodonosor , Cyrus , Auguste , &
tant d'autres , ces guerriers qui , sur
la terre , s'éleverent si fort au-dessus
du reste des mortels , malgré les titres de vainqueurs & de conquérans
qui leur furent prodigués dans leurs
triomphes , ne furent que les instru-
mens de la justice de Dieu ; ils tin-
rent de lui seul leur valeur , leur
constance , leur intrépidité ; sans lui ,
ils n'étoient que foiblesse & que pé-
ché , leur bras n'a lancé la foudre
que pour exécuter sur la terre les ju-
gemens enregistrés dans le livre des
destins , *ut faciant in eis judicium cons-*

criptum. Si Nabuchodonofor enchaî-
na à fon char le Roi de Judée , s'il
renverfa le trône de Syrie & d'E-
gypthe , depuis longtemps Dieu l'en
avoit mis en poffeffion, *dedi omnes
terras iftas in manu Nabuchodonoforis.*
Cyrus pour foumettre Babylone eut
en vain affeché l'Eufrate , fi plufieurs
fiecles avant fa naiffance , Dieu ne
l'eût appellé guerrier , & ne l'eût inf-
piré *apprehendit dextram :* il le con-
duifit de royaumes en royaumes , de
victoires en victoires , rendit fes ennemis timides , lui ouvrit toutes les
portes qui s'oppofoient à fon paffage. Que fert à Alexandre d'abandon-
ner fon trône , de traverfer les fleuves & les monts pour fubjuguer la
Perfe & l'Inde ? Ses rapides conquêtes excitent après lui la haine entre fes Généraux ; fur la ruine l'un
de l'autre , ils forment de nouveaux
empires. Comme les flots d'une mer
agitée battent tour à tour le rivage :
les maux fe multiplient fur la terre ,
& les décrets du ciel s'exécutent. Il
étoit écrit que Céfar & Augufte ne
feroient de tant de fouverainetés
qu'un empire , afin que fous un feul

monarque & sans qu'il s'en apperçût, l'évangile en moins de temps fut prêchée en tous lieux. Vous voyez que le souverain le plus absolu joint à toutes les puissances de l'enfer ne put empêcher les progrès de l'église naissante. Quand Titus porta contre la sainte cité ses profanes drapeaux, & ses machines infernales vers le temple, il étoit prédit qu'après huit siécles il seroit détruit; *& post hæc conturbatæ sunt gentes, & inclinata sunt regna.* La rapidité de ces révolutions suffit pour manifester le pouvoir de celui qui sçait applanir les montagnes & élever les plus profonds abîmes.

Après de tels exemples, les hommes qui, sans le secours du ciel, ne font que vice & que misere, se feront-ils encore une idole de leur gloire? se croiront-ils des dieux sur la terre, parce que le ciel irrité remet entre leurs mains la foudre pour punir les peuples coupables? Le Dieu qui donne à son gré les scepres & les couronnes, compte pour si peu la valeur, & les victoires dont se nourrit la vanité humaine, qu'il a souvent favorisé ſes plus fiers ennemis ; ceux mêmes à qui ſon nom étoit inconnu. Par cette diſtribution impénétrable de ſa providence, il veut convaincre les hommes qu'il eſt une autre gloire & d'autres tréſors à chercher que les royaumes de la terre ; & que de ſubjuguer ſes paſſions, eſt le plus beau des triomphes. Fameux Romains, maîtres dans l'art de la guerre, dites quel fut l'aiguillon qui vous excita à conquérir l'univers ? *Amore laudis, & gloriæ multa magna fecerunt.* Vos entrepriſes furent & ſont encore l'étonnement du genre humain. Mais, ô miſere ! ô aveuglement ! un vain laurier fut tout le prix de vos vertus. *Acceperunt mercedem ſuam vani vanam.* Quel fut le fruit de tant de travaux ? Un tombeau que la vanité des hommes orna de trophées, & que le temps détruit. Quoi ! l'honneur d'occuper avec pompe un petit eſpace des terres immenſes que ces conquérans ravagerent, leur fit perdre de vue l'éternelle béatitude & la vraie immortalité. Le prophête Daniel élevé dans la plus ſuperbe cour de l'Orient, mépriſoit cette gloire terreſtre : occu-

pé de l'immensité de Dieu & de l'é-
ternité, il représente les vainqueurs
qui désolent l'univers sous la figure
des tigres & des lions. Horrible res-
semblance ! Image affreuse ! Peut-on,
sous cet emblême dépèindre EUGE-
NE ? non; l'ambition & l'orgueil con-
duisirent Alexandre: mais ces vices qui
triompherent des conquérans mêmes
firent de vains efforts pour soumettre
notre héros ; avant d'abbatre ses
ennemis il vainquit ces deux tyrans
de l'humanité, sa rare modestie illus-
tra ses vertus guerrieres ; il fut cette
plante féconde dont le seul tronc ré-
pandit au loin ses ramaux bienfai-
sans. Voici l'instant où un fait déjà
connu des hommes les plus estima-
bles, doit être sçu du vulgaire ; il seroit mis en doute, si les exploits
d'EUGENE ne rendoient tout croyable : comme les tours élevées ont
besoin que des fondemens solides les
défendent contre la tempête, ainsi,
pour résister au torrent des passions,
les vertus sublimes doivent avoir de
profondes racines. Dès que notre héros entra dans les sentiers épineux de
la gloire, armé de constance, il fer-

ma l'oreille à tous les vices capables
d'arrêter sa course ; il dompta cette
ambition démésurée qui, unie à la
force des armes ne connoît plus de
frein. Dans les premiers temps qu'il
daigna m'honorer de son amitié, j'o-
sai lui demander quelle fut la regle
qui le conduisit dans ses grandes entreprises, & dans ses actions particu-
lieres ; il me dit : Je ne pris jamais
pour guide l'intérêt, l'amour de la
louange, ni la crainte des discours du
vulgaire ; paroles qu'on doit graver
au frontispice du palais des rois ; sentence digne de rester éternellement
dans votre mémoire. Mais, que dis-
je ? plaise au ciel que je pusse aujour-
d'hui faire comprendre aux guerriers
& aux hommes d'état qu'ils ont une
fausse idée de la grandeur s'ils s'aban-
donnent à l'orgueil qu'elle inspire.
Sachez qu'aux mémorables maximes
que je viens de rapporter, notre
prince joignoit encore l'autorité des
exemples. Un trône lui fut offert, des
amis puissans l'excitoient à y mon-
ter, la circonstance des temps l'y
appelloit : qui de vous n'eût cédé à
cet appas de l'ambition ? qui auroit

pu

pu, comme mon héros, s'arrêter au milieu d'une carriere aussi brillante que rapide ? Lui seul, messieurs, eut le courage de résister aux charmes de régner ; lui seul étouffa dès leur naissance les faux conseils de l'orgueil, qui, en exagérant notre mérite, nous fait croire que nous ne sommes plus de la nature des hommes, que nous avons soûmis à notre obéissance. De quel œil verroit-on refuser un empire dans un siécle, où, pour aggrandir ses possessions, des flots de sang ont inondé la terre ? On se souvient, en frémissant, des malheurs que l'ambition a causés aux siécles les plus reculés. La Macédoine ne suffit pas à Alexandre, il court aux derniers confins de la terre chercher d'autres royaumes. César, dans sa soif de regner, rompt les faisceaux des consuls ; & le sceptre à la main, voit avec joie du haut du capitole expirer la liberté de Rome. EUGENE refuse de faire un pas pour s'emparer d'un trône qui demande son appui. Dans notre temps stérile en vertus, cet exemple nécessaire montre que de fuir la route des honneurs, n'est pas le seul moyen d'étouffer l'orgueil ; en triompher au milieu des cours & des armées, aux lieux où ses attraits sont les plus séduisans, est le comble de la gloire.

Avec quels traits frappans, l'orateur Romain eût décrit les faits héroïques que je publie ! lui qui s'opposa avec tant de force aux projets ambitieux de César. Etonné de la modestie d'Eugene, il eût interrogé non seulement les sages de Sparte & d'Athénes, mais les Marius, les Scylla & tant d'autres dont la soif de regner a désolé la terre. Il eût fait voir notre héros mieux couronné par ses vertus qu'il ne l'eût été par les peuples qui le vouloient pour maîtres ; il l'eut mis au nombre des demi-dieux par la victoire qu'il remporta sur lui-même. Moi qui, pour le peindre, n'eût point en partage les talens de l'orateur Romain, je m'en tiens à cette foible esquisse : l'histoire bientôt vous en achevera le tableau. L'ame noble d'Eugene se distingua dans le refus qu'il fit de commander aux autres, & plus encore dans l'empire qu'il eût sur ses desirs : au milieu des applaudissemens, il ne livra point son

cœur, comme un vaiſſeau ſans voiles & ſans pilote, à la fougue des paſſions ; elles ne dirigerent jamais ſes
entrepriſes, l'intérêt de ſon maître &
de ſon Dieu en fut l'unique motif;
ſon devoir & ſa fidélité furent ſes
guides. Vous ſçavez à quel degré
d'eſtime ſon nom eſt parvenu ; il eut
là confiance de trois Céſars toujours
égale, toujours méritée, & ne les ſervit
avec peine que quand le malheur des
temps joint aux fureurs de la guerre
l'obligerent à former des projets contre ſa propre famille royale. Admirez
ſa rare modeſtie ! comblé des dons de
la victoire, il paroiſſoit ignorer ſon
triomphe. En uſant modérément des
droits du vainqueur ; en ne mépr ſant
jamais l'ennemi, il enſeigna l'art le
plus ſûr de le ſoumettre ; ſes vertus
héroïques eurent tant de renommée
qu'elles ſervirent d'exemple aux Ottomans dans la capitulation de Té-
meſwar & de Belgrade que leur loi
ſuperſtitieuſe défendoit de rendre à
quelque condition que ce fût.

La longue expérience des affaires
apprit à notre héros combien les ap-
parences ſont loin de la vraie juſtice,

& combien il eſt facile de ſe tromper dans le choix des plus ſages conſeils. Sa raiſon, telle qu'un phare éclatant, lui découvrit de loin les écueils à éviter, le port à chercher, & ſa prudence fut le gouvernail qui régla ſa valeur : l'une ne peut ſans l'autre exécuter de grandes entrepriſes. Le courage d'Achille & la ſageſſe d'Ulyſſe réunis dans Enée en firent le modéle des héros.

Tel fut le rare aſſemblage qui rendit incomparable le grand homme que nous regrettons ; habile à juger de l'avenir par le préſent il n'abandonna jamais au caprice de la fortune les événemens qu'il pût prévoir ; ſa main traçoit le plan de ſes batailles & les mouvemens des ennemis avant que ſon armée entreprit de les attaquer : par la ſagacité avec laquelle il pénétroit leurs projets, il ſembloit qu'il eût été appellé à leurs conſeils. Il viſita les lignes de Belgrade, & revint, en diſant : Si les Ottomans paſſent le ravin qui ſépare ces vallons, la victoire eſt à nous. Qu'on ne s'étonne donc plus ſi, dans le tumulte des batailles, ſon front ſérein comme la

cime de l'olympe, annonçoit la tranquillité de son ame : l'expérience qui
lui faisoit lire dans l'avenir, ne se
trouvoit point en défaut dans les mouvemens imprévus qui déconcertent le
vulgaire. Quoique dans l'habitude de
vaincre, pendant deux campagnes,
il jugea, comme Fabius, qu'il
étoit de l'intérêt de l'état qu'il tem-
porisât. Conserver ses conquêtes,
est souvent aussi utile que d'en entre-
prendre de nouvelles. Si certains écri-
vains obscurs eussent bien connu cette vérité, ils n'auroient point publié
dans leur histoire fabuleuse des revers qu'Eugene n'éprouva jamais.
Mais ce n'est point ici le lieu d'em-
brasser sa défense ; sa modestie toujours en garde contre l'adulation,
me défend de m'étendre sur ses louanges. Malgré l'estime infinie qu'il eut
pour les gens de mérite, la difficulté de
les trouver, de les bien connoître, &
surtout de s'en servir à propos, le
rendirent fort circonspect dans le
commerce de la vie civile. A la ville,
à la cour, à l'armée, son front toujours serein ne montra jamais que la
vicissitude des événemens pût altérer

la tranquillité de son ame. Vous sça-
vez que la raison a peine à résister
aux premieres impressions de la nature ; ainsi l'égalité parfaite de son
humeur lui fut une qualité acquise &
non naturelle ; il eut soin de se mon-
trer toujours dans les mêmes senti-
mens. Mais sçachant que ses idées
passoient pour des oracles, souvent
il eut la discrétion de les cacher. La
bonne ni la mauvaise fortune n'eurent jamais le pouvoir de lui faire
rompre le silence qu'il s'étoit imposé
dans les grands événemens. Occupé
de ses projets, il s'embarrassoit peu
de ce qu'on en pensoit, & ne perdoit point en discours le temps d'a-
gir : ses exploits & la voix du peuple parloient assez en sa faveur. S'il
eût raisonné sur la paix & sur la
guerre, il n'auroit pu en discourir
longtemps sans se donner pour exemple, en se vantant lui-même : vice
qui lui étoit en horreur comme le
poison de toutes les vertus. Les tré-
sors eurent pour lui peu d'éclat ; il
s'en servit pour soutenir sa dignité,
& ne voulut jamais les devoir à l'injustice ni au faux prétexte des droits

de la guerre, dont souvent l'avarice
s'autorise ; plus curieux d'acquérir
l'affection des peuples que d'en recevoir le tribut, d'une main il cueil-
loit des lauriers, de l'autre il sauvoit
les vaincus des rapines du soldat
avide ; moyen sûr, quoique peu
pratiqué, de faire aimer la puissance
du vainqueur, & de mettre sa conf-
cience à l'abri du reproche. EUGENE
prit des villes ; mais, soigneux d'en
faire conserver les édifices, les ta-
bleaux & les bibliotheques, il pré-
féra toujours les tréfors du génie à
toutes les richesses d'Attale. Ce goût
pour les lettres qui illustre encore son
nom fameux par mille exploits, donne
une grande idée de sa vaste intelligen-
ce. Ses livres nombreux, enchassés
comme des pierres précieuses sur les
murs les plus brillans de son palais,
en faisoient le principal ornement.
Aux lieux où d'autres étalent les trophées de leurs victoires, ce prince
éleva un temple aux muses.

L'Egypte ne fut pas plus célebre
par ses pyramides que par la biblio-
theque de Ptolomée : celle du Mont-
Palatin honora autant Rome que ses
C iv

arcs de triomphe ; la premiere fut
confié à Demétrius, la seconde à
Verrius & à d'autres sçavans , dont
la célébrité donna un nouveau lustre
aux volumes qui leur furent confiés ;
l'autorité des monarques à qui ils
appartinrent les rendoient encore
plus recommandables. Mais on s'é-
tonne qu'un particulier occupé des
affaires épineuses de la politique &
des vastes projets de la guerre , se
dérobât à des soins si actifs pour s'ap-
pliquer aux lettres amies du repos ;
un génie qui sçait allier deux objets
si différens , accroît sans doute votre
admiration. Je vous étonnerois da-
vantage , si je vous détaillois les soins
immenses que notre héros prit pour
recueillir les écrits que la renommée
immortalise. Le riche cabinet d'histoire naturelle qu'il rassembla vous
fera juger de ses connoissances dans
un genre d'étude ou l'œil le plus in-
crédule reconnoît la main toute-puis-
sante du créateur.

Quand quelques-unes des raretés des
terres étrangeres manquoient à Eugene , il en achetoit à grand prix
les desseins. Il n'est point d'élément

dont il n'eut les productions ; oiseaux, poissons , fruits, tout se trouvoit dans la collection immense qu'il possédoit.

Pour l'honneur des sçavans qui cherchent aux pays les plus reculés des monumens dignes d'être enregistrés dans les fastes de l'érudition , je dois vous dire l'utilité que notre prince en tira : à force de soins & de dépense , il découvrit la fameuse carte qui, après deux siécles, porte encore le nom de Peutinger, qui la tira des ténebres où elle étoit ensevelie. Un tel monument ne pouvoit avoir un plus digne possesseur ; par-là , les routes militaires des anciens conducteurs d'armée lui furent connues ; il suivoit les Romains dans leurs marches & contremarches, & s'étonnoit toujours des pénibles voyages qu'ils entreprenoient. Voyez, me disoit-il un jour dans un enthousiasme militaire ; voyez, du sein de l'Adriatique , jusqu'aux mers de Lygurie, cette chaîne immense de rochers qui servent de murs à l'Italie ; leur cime inaccessible s'oppose en vain au passage des légions

Romaines, les flots écumeux du Rhône ne purent arrêter César : avant de combattre les Gaulois, il eut à vaincre les monts & les torrens qui en défendent l'approche ; son ardeur & ses soldats dompterent ces obstacles ; tel qu'un fleuve impétueux qui renverse tout ce qui arrête sa course, il détruit les forteresses, & traverse en vainqueur les provinces ennemies : ainsi s'exprimoit EUGENE. Il admiroit encore qu'aux lieux où l'Ister est le plus rapide, Trajan bâtit un pont qui le mit en pouvoir de subjuguer les Daces & d'enrichir le trésor de Rome du patrimoine de Décebale. O rare modestie de mon prince, qui, en racontant tant d'actions mémorables, oublioit ses exploits ; s'il les eût comparés à ceux du héros Romain, les siens auroient sans doute eu l'avantage. César, en passant dans la Gaule, ne trouva point les difficultés qu'EUGENE rencontra pour entrer en Italie. Choisi de Dieu pour châtier l'Europe dans le commencement de son siécle, il força les principales gorges des Alpes : on en voit parmi vous, qui, dans nos vallées tortueuses & nos monts inacceffibles, ont fuivi ce prince : quelle furprife glaça vos fens, quand impatient de paroître fur l'A-dige, il ufa de l'art que l'architecte de Syracufe donna à Marcellus ! par fon ordre, fon artillerie fufpendue avec des cordes eft tranfportée par les airs, fes chariots démontés paffent de rochers en rochers dans la plaine. Oui, fa conftance infatigable fuivit fur la carte des armées Romaines les chemins qu'elles avoient pris pour fubjuguer la Méfie & la Dace. Je fatisferois votre penchant & le mien, fi, pour admirer plus en détail tant d'exploits, je vous reconduifois dans ces lieux pleins de fang & de carnage, nous aurions mille traits à ajouter à la defcription que j'en ai faite ; mais, pour ménager le temps que vous m'accordez, quand j'obmets beaucoup de faits dignes de votre fouvenir ; qu'il me foit permis de vous parler du vafte recueil de deffeins gravés que le prince raffembla. Cet art nouveau qui, fans le mêlange des couleurs, rend tous les objets que les plus habiles peintres &

sculpteurs représentent. Cet art mer-
veilleux qui eût sauvé de l'oubli les
chef-d'œuvres d'Appelles & de Phi-
dias, en les multipliant comme ceux
d'Homere & de Thucidide, eut encore illustré la Grece : combien l'Europe doit envier la gloire de l'Italie
dont le génie fécond trouva l'inven-
tion que je décris. Si ma patrie per-
dit l'empire du monde, elle conserva
du moins celui des sciences & des
arts ; notre prince qui les protégeoit,
& les aimoit sans en faire une étude
nuisible à ses grandes occupations,
s'en servoit, dans ses loisirs, pour
nourrir son imagination pénétran-
te & lumineuse. Il recueillit les
ouvrages des plus grands maîtres en
peinture, en sculpture & en gravure : dans le temps même qu'ils fleu-
rissoient, il les recevoit comme ses
amis & excitoit entr'eux le desir de
mériter son suffrage. Ne croyez pas
que mon attachement pour ses vertus me fasse exagérer la beauté des
ouvrages de l'art que son goût exquis
rassembla, le nom de leurs auteurs
suffit pour prouver ce que j'avance.
Raphaël que jadis Athenes eût en-

vié à ma patrie , trouva le célebre
burin de Marc-Antoine pour multi-
plier les miracles de fon pinceau;
par fes foins , la main d'un fi excellent graveur ne refta jamais oifive ;
il voulut (fi les peintres perdoient
l'efpoir d'imiter fes couleurs) que
du moins la gravure rendit l'élégan-
ce de fa compofition ; fon imitateur
qu'il guida lui-même dans un chemin
fi difficile , en termina heureufement
l'entreprife. Quelqu'un de vous eft-
il curieux d'admirer les deffeins de
ce grand maître ? ils fe trouvent réunis dans les cabinets du prince que
la mort nous enleve : ce Mécénas
des artiftes fembloit le feul héritier
de leurs ouvrages ; il eût voulu les
préferver de l'oubli, de l'ignorance &
de la barbarie ; on les voit fur fes
murs arrangés avec le même ordre
qu'ils garderent en paroiffant au jour,
& fouvent imités avec une expref-
fion plus vive & plus conforme à
l'hiftoire. Puis-je trop louer ce tré-
for des beaux arts digne de fervir de
matiere à l'heureux génie qui vou-
droit en écrire les annales.

Le plus grand avantage du fiecle

qui suit celui où brillerent tant de talens, eût été que Raphaël eût fait le portrait d'EUGENE, & que Michel-Ange l'eut gravé. Mais s'il n'eût pas comme Alexandre une Appelles pour le peindre, un Lysippe pour le sculpter, un honneur plus rare lui est préparé par votre auguste monarque, qui, malgré les soins qu'il prend pour la félicité de son peuple, & la tranquillité de son vaste empire, conserve l'amour des lettres & des beaux-arts, en place les chefs-d'œuvres au milieu de son palais, & compte y renfermer les volumes immenses que mon prince rassembla. Puisse ce monument conserver à jamais dans la mémoire des sçavans le rare & sublime génie d'un général, dont la réputation surpassera, en ce genre, celle d'un de ses plus illustres ancêtres, je veux dire Ferdinand premier, qui, non content d'ajouter de nouvelles provinces à son empire, l'enrichit encore des dépouilles littéraires de l'orient recueillies avec des peines incroyables par le fameux Busbeck.

EUGENE qui s'appliqua surtout à l'étude de l'histoire & des poëtes, contemploit toujours avec un nouveau plaifir les portraits des hommes diftingués dans les lettres & dans les armes ; mais il ne permit jamais qu'on écrivit fes actions mémorables. Si le récit qu'on en eût fait eût cédé par le ftyle aux écrits des anciens, il les auroit furpaffés par la matiere. Notre héros avoit retenu leurs plus célebres fentences & fouvent en me les récitant, il m'a donné lieu d'admirer fon jugement, & m'a fait penfer que depuis le temps d'Augufte, les réflexions des meilleurs poëtes Latins ne furent jamais dans la bouche d'un plus grand capitaine ; mais jufqu'ici je ne vous l'ai peint que dans fes triomphes militaires. Je crains de m'être trop étendu fur ces honneurs mondains : montrons plutôt EUGENE ambitieux de la gloire célefte & attentif à pratiquer toutes les vertus qui peuvent y conduire.

Quelque brillante que je me repréfente cette fcene de la vie mortelle, cette apparence de grandeur dont la vanité fe nourrit, je dis fouvent en moi-même : Qui pourra, ô mon Dieu, fortir fans naufrage de ces flots menaçans ? Par quelle voie arriver au port de tes tabernacles éternels ? L'ignorance ténébreuse de notre enfance obscurcie par notre malice, nous mene par des sentiers dangereux à mille précipices : un cœur sans tache éclairé de la lumiere divine, peut seul les éviter. Quel est l'homme, ô mon Dieu ! dont l'ame pure puisse soutenir la pénétration de tes regards qui font trembler les anges & pâlir les étoiles ; mais dans tes royaumes heureux où habitent la charité & la paix, tu recevras peut-être celui qui aima l'innocence, & que l'or ne put corrompre, *& munera super innocentem non accepit.* Monstre infâme de l'intérêt, pere de tous les vices, rentre dans l'abîme dont tu sortis pour perdre notre prince, tu cherchas en vain à le corrompre, il sçavoit que nos vastes desirs portés au vice & nourris par les dons, accroissent sans cesse notre avarice, & que de là combattre, est le seul moyen de parvenir au royaume céleste, que ni l'art ni la fraude ne peuvent acquérir, *qui non egit dolum in lingua sua.* La bouche d'Eugene toujours d'accord avec son cœur, ne connut point la dissimulation, & rigide observateur de cette maxime, il ignora l'usage perfide de changer de front suivant les circonstances : cette franchise, à la vérité, laissoit voir à son ami la sincérité de son ame, mais son ennemi (s'il en eut) n'y vit jamais d'altération. En sortant du champ de bataille il perdoit le dessein de nuire, *nec fecit proximo suo malum.* Loin de se faire un plaisir barbare du mal d'autrui, il se plut à soulager les malheureux. Les témoins de sa générosité m'ont été connus dans ses derniers momens ; alors les pauvres familles désolées entourèrent son palais dont l'entrée, jusqu'à cet instant, leur fut sévérement interdite, il vouloit qu'on ignorât ses bienfaits ; mais aujourd'hui les indigens qui les éprouvoient, font retentir les airs de leurs plaintes; je les vois arroser de leurs larmes les cendres de leur pere généreux, j'entends leur voix ingénue qui s'écrie vers les cieux : voici cet homme, ô mon Dieu, qui, dans ce monde pervers, ouvrit ses entrailles à la compassion, c'est lui qui appaisa la faim gémiſſante de nos veuves & de nos orphelins : tu as promis le ciel à qui, pour ton ſaint nom, arroſeroit d'une goute d'eau nos lévres arides ; celui qui a eu pitié de notre miſere n'eſpérera point en vain , ta bonté le placera dans la félicité éternelle. *Beatus qui intelligit ſuper egenum & pauperem*, voici la derniere heure ; voici le jour terrible où tu dois juger notre héros ; il va comparoître devant toi dépouillé de ſes trophées, & ſans armes ; quel bras le défendra de ta colere ? *In die mala*, voici le jour de ta juſtice éternelle ; mais c'eſt auſſi celui de ta clémence infinie ; tu promis de le ſauver. *Liberavit eum*. Dieu tout puiſſant , ſi la voix du pauvre a la force de s'élever juſqu'à toi, par cet amour ſans bornes qui t'a conduit à prendre la figure humaine , ne permets pas que ta main qui nous forma à ton image , abandonne Eugene aux fureurs de l'ennemi infernal ; nous eſpérons que ces vœux gémiſſans du pauvre toucheront le créateur. A quoi ſerviroit à notre héros que ſa renommée eût volé d'un pôle à l'autre , ſi le ſouverain juge de nos actions lui refuſoit la couronne éternelle ? Quelle gloire tireroit-il des lauriers qu'il a cueillis ſur la terre, s'ils étoient honteuſement flétris dans le ciel ? Si après avoir vaincu les perſécuteurs du nom chrétien, il devenoit la proie de notre plus mortel ennemi ? Que dis-je ! la crainte de ſa perte doit-elle affoiblir nos eſpérances ? Ses vertus ont déja pris ſa défenſe auprès de ſon juge incorruptible ; Dieu ſçait qu'il échappa aux embuches de l'ambition & de la lòuange ; ſa modeſtie donna un frein à ſon orgueil flatté de tant de victoires, ſa probité incomparable ne connut point l'avarice, ſa libéralité excita le pauvre à fléchir le ciel en ſa faveur : mais il eſt temps que je me tourne vers vous, grands du monde qui m'écoutez, il eſt temps que je vous faſſe obſerver, autant que mes foibles talens me le permettent, l'abus que les hommes font de la flatterie ; ce charme trompeur qu'ils donnent & reçoivent tour à tour, en voilant à leurs yeux leurs vices, les conduit au précipice.

Plaiſe au ciel que l'exemple de celui que nous pleurons ait le pouvoir de mettre un frein à la vanité de vos defirs : la mort des hommes vulgaires ne vous frappe pas affez pour vous tirer de l'affoupiffement où l'ambition vous plonge ; mais, confidérez le néant des grandeurs terreftres dans l'anéantiffement du héros de notre fiecle ; il en eft peu qui puiffent arriver à fa gloire, mais tous le fuivront au tombeau ; fon rang, fon pouvoir, fes exploits ni les regrets d'un peuple immenfe, n'ont pu différer d'un moment le terme de fes jours. Dieu, dont la voix fait trembler le ciel & la terre, l'appelle ; l'heure fatale eft venue. Qui de vous ne frémiroit à cette fentence irrévocable ? Grands du monde, tels que vous foyez, l'efpace de vos jours eft fini. Voici l'inftant où il faut paroître devant votre Juge : prendrez-vous alors pour bouclier la fuperbe erreur de ces hommes qui font gloire de méprifer les oracles divins, & qui donnent leur ignorante incrédulité pour fupériorité de génie, comme fi le tumulte des paffions pouvoit régler l'ame, & l'yvreffe

des sens éclairer l'entendement ?
O homme, incompréhensible en
tes desirs, dans quel labyrinthe tes
folles pensées t'égarent! quel éclat
trompeur te conduit à ta perte! avec
quel effroi verras-tu subitement dis-
paroître les fragiles objets qui t'en-
chantent! la mort t'arrêtera dans ta
course; le bras des rois ne peut l'arrêter, le pauvre l'aura pour ressour-
ce. Le jour du jugement verra renaître entre les humains l'antique
égalité que l'injustice leur a ôtée,
dans ce jour de lumiere où tout sera connu. Grands du monde, vous
verrez alors que tout ce qui nous
éloigne de la loi de Dieu & de la
justice n'est qu'illusion que misere
& que vanité.

F I N.

APPROBATION.

J'ai lû, par ordre de Monseigneur le Chancelier, cette ORAISON FUNEBRE du prince Eugene de Savoye. A Paris, le 26 Août 1758.

LA PALME.